小學生安心上學系列

학교 생활 안전

我會自己 注意安全

避免在教室、操場、專科教室與使用文具時發生危險

盧慶實 노경실 著　Ukumouse 繪　林建豪 譯

好評推薦

「孩子在學校時，所有父母最關心的，大概是孩子是否平安。安全有身體安全和心理安全兩種，兩者一樣重要。除了大人設法營造友善的學習環境外，孩子也應該學會自我保護，避免身陷險境。這套『小學生安心上學系列』正能幫助孩子增長『安全意識』，快樂上學、平安歸來。」

——陳志恆，諮商心理師、暢銷作家

「致力推動兒童校園安全推動已經十餘年，一直期盼能夠有一本適合孩童閱讀並且讓家長也能有系統地了解並且藉此學會一同來預防各類潛伏在孩子身邊造成危機的讀物。今天這兩本『小學生安心上學系列1＋2』不僅內容淺顯易懂，而且針對各種風險威脅都有完整的解析，非常推薦給各位家長一同品閱。」

——培根老師（任培豪），武林文創創辦人

閱讀寫實故事，
喚起孩子們的同感共鳴

——王意中，王意中心理治療所 所長／臨床心理師

校園，有如孩子們的遊戲天堂：小朋友總能天馬行空，在教室裡、走廊上、操場中，無所不玩。然而，別說投資一定有風險，校園裡的玩樂學習也是有風險。風險的魔鬼，總是躲在孩子的疏忽裡，當孩子少了自我覺察，逾越了分寸與界限，危險將趁勢而出。任何的遊戲、活動，一切皆以安全為前提。這是校園生活中，最基本的道理。

曾幾何時，校園卻成為某些孩子的地獄。這是何其的殘忍、諷刺。原本應該是孩子最安心的地方，卻成為最痛苦的存在。比如霸凌，絕不是孩子成長過程中必經的歷程。然而卻成為孩子在校園裡，容易遇見的殘酷事實。沒有人有任何權利霸凌別人，也沒有人有任何義務被霸凌。對於目睹霸凌的孩子來說，內心裡卻又是極盡矛盾。該是要挺身而出，還是冷漠以對？如何陪伴孩子預防校園危機，或度過校園霸凌的風雨，這一點，父母與老師都責無旁貸。

讓孩子安心上學吧！一起與孩子建立校園活動的安全性，讓我們透過孩子們最熟悉與切身的事物，藉由寫實故事的閱讀，以喚起孩子們的同感共鳴。

安全的生活
創造出安全的未來！

　　回想起小時候的那段歲月，如今就像是作夢一般。現代社會24小時隨時隨地都能視訊通話，如果有任何疑問，只要拿起手機就能找到答案；想吃的食物也都能使用外送服務。如果要一一數完生活中的便利性，大概需要超過一個星期的時間。而當中最大的變化應該就是人工智能吧！因為現在已經變成連電影中出現的機器人也會為我們工作的世界了。

　　不過真的很奇怪，每天都有新的技術與尖端產品上市，但為什麼世界會變得更加危險呢？最大的原因大概是社會結構變得更複雜，且運轉得更加迅速。因此，對我們來說，營造安全的環境真的是很重要的一件事。

對兒童來說，安全教育是家庭與學校都不可或缺的一部分。安全並不能只靠「言語」或「想法」，每個人都應該具備正確的「知識」。大家都知道「依照知道的去看，依照知道的去理解」這番話的意思嗎？安全的問題也同樣如此，擁有的知識越多，就更能保護自己的安全。我們都應該透過書本與教育，掌握正確的安全知識。

透過「小學生安心上學系列」，我想讓孩子們明白保護自己的安全，就是要好好保護自己的生命與健康，而且是打造美好未來的第一步。

同時期望每一位孩童都能明白，保護自己就是給深愛自己的人最大的喜悅與禮物！孩子與寵物狗一直都是陪伴著我的夥伴，衷心希望這本書也能成為讓孩子們擁有幸福與安全生活的可靠夥伴與導師。

盧慶實

2018年，陽光耀眼的早晨
一山白石村

目錄

在教室不丟球、不爬桌椅、不坐窗邊！

這是一個下著雨的早晨。

「哇，好開心！」

采苑穿著粉紅色的雨鞋，一邊不停的晃動著黃色雨傘，一邊走向學校。那是媽媽買給采苑的新雨傘，而且還是采苑喜歡的黃色。她邊走邊看著轉動的雨傘，就在這個時候……

「哎喲，小心一點啦！」迎面走來的阿姨大聲說。

采苑嚇了一跳，立刻把雨傘拉向後方。

阿姨用手拍了拍衣服下襬的雨滴。

「小朋友，使用雨傘時要仔細觀看前方，不然很容易就會跌倒，也可能會傷害到別人。」

「對、對不起……」采苑的臉頓時變紅了。

悶悶不樂的采苑低著頭走路。

「采苑，等等我！」

聽見同班同學賢浩的聲音後，采苑抬起了頭。

「哇，是透明雨傘！」

看見賢浩後，采苑的臉再次變紅了。

「媽媽說下雨天就該使用這種雨傘。」

「啊，透明雨傘就能看清楚前面吧？我剛才……」

采苑邊走邊把剛才發生的事情告訴賢浩。

抵達學校打開教室門的瞬間，賢浩和采苑差一點往後倒。

因為有三名男同學突然從教室裡衝了出來。

「快抓住他！」

「哈哈哈！抓到我就給你們！」

三位同學拿著一個機器人玩具在惡作劇。

「呼，差一點就發生意外了。」

采苑安撫受到驚嚇的心情並坐下。

「采苑，球有帶來嗎？」約好下午要一起玩球的同學，希貞問。

「當然帶來了呀！」

采苑從書包裡拿出一顆和成人拳頭差不多大、粉紅色的球。

「漂亮嗎？這是阿姨買給我的，和小鳥一樣很會飛喔！」

采苑炫耀著畫有人氣動畫主角的球，同時做出投擲球的動作。

就在此時，坐在後面的美美拿走采苑手中的球，並且扔往另一個方向。

「砰！」

球擊中玻璃窗且發出了巨響。

大家都嚇了一跳，紛紛把視線轉移到玻璃窗，所幸

玻璃窗沒有破裂。假設玻璃窗不幸破裂，坐在附近的同學們一定會被玻璃碎片刺傷。

「你怎麼能在教室裡扔球呢？而且這是我的球！」采苑忿忿不平的大聲怒吼。

「我只是想確認一下，球真的能和小鳥一樣飛出去嗎？」美美一臉若無其事的說。

「那就該去操場呀！教室是遊樂場嗎？」

「哇！」

聽見采苑說的話後，其他同學都紛紛鼓掌。

美美就像是嘴巴被貼上了膠帶，沒辦法繼續回話。

在老師來之前的早自習時間一直都處於吵鬧的狀態，采苑和希貞開心的聊著天。

就在這個時候，突然傳來了賢浩的聲音。

「我更高！」賢浩爬到椅子上大聲吶喊。

「不對！我最高！」

這次是志權站在書桌上。

賢浩也迫不及待的爬上書桌。

「哦？那麼我……」

生氣的志權把椅子放在桌上，其他同學也都紛紛聚集過來。

「很危險，快住手！」采苑和好幾位同學大叫。

「上去！上去！」

但也有同學不停鼓掌，就像是在鼓舞兩人一般。聽見加油聲的志權得意的把一隻腳站到椅子上。

「不行！」

原來是班導師來了。

志權嚇到停止動作，並呆呆的看著老師，站在桌上的賢浩也忘記要下來了，其他同學則是以迅雷不及掩耳的速度回到座位上。

只剩站在桌上的賢浩，和把椅子抬到桌上，一隻腳踩著椅子的志權如雕像一般，一動也不敢動。

「小心，下來！」老師走上前扶著志權的一隻手並溫柔的說。本以為會挨罵的志權抱著鬆一口氣的心情從桌上爬下來，接著老師也協助賢浩從桌上下來。

兩位同學都因為沒有挨罵而感到慶幸，準備回到自己的座位。

　　「站住！老師是擔心你們受傷才幫助你們下來的，但兩人都應該要接受懲罰。」

　　老師吩咐兩位同學都拿起濕紙巾。

　　「把你們踩過的桌椅擦乾淨，並且道歉！」

　　「什麼？」

　　賢浩和志權心不甘情不願的開始努力擦拭桌子和椅子，其他同學看見此一情景都忍不住笑了出來。

　　「安靜！同學做出危險的行為就該制止，在一旁慫恿的人不能算是好同學！」

　　聽見老師的話後，采苑忍不住笑了。

　　「那我算是好同學呢！」

　　第一堂課結束後，有好幾位同學依舊在教室裡跑來跑去。

原本坐在椅子上交談的采苑和希貞，因為其他同學一直碰撞到桌子而生氣。

　　「采苑，我們去那邊聊吧！」

　　采苑跟著希貞走到窗戶旁邊。采苑的教室是在二樓，兩人打開窗戶並跨坐在窗框，接著便拿著貼紙繼續聊天。

　　就在此時，其他同學一窩蜂衝了過來。

　　「哦？是貼紙！」

　　「是新出的貼紙，也讓我看一下！」

　　因為同學們不斷擠過來，采苑和希貞不自覺的也被往後推了一下。

　　淘氣的美美看見貼紙後也想上前湊熱鬧。

　　「快停下來！」

　　希貞和采苑異口同聲的說。

　　希貞的臀部被擠到窗戶外面了。

　　「希貞！」

　　要不是采苑及時抓住了希貞的手臂，大概早就發生

可怕的意外了。

「哇嗚！」

希貞就像嬰兒一樣嚎啕大哭了起來，哭聲比第二堂課的鐘聲還要更宏亮。

「對不起，對不起！我不會再惡作劇了。」受到驚嚇的美美啜泣著。

「我們應該乖乖聽老師的話，不能跨坐在窗戶上。」

采苑一邊安撫受到驚嚇的心情一邊叮嚀自己，然後她立刻安慰一旁的希貞。

「希貞，不要哭，我們以後都別再跨坐在窗戶上了！」

看見希貞哭個不停的模樣後，采苑也忍不住跟著哭

了起來，美美也哭了。

　　三位小朋友都沒發現老師已經進教室，抱著對方嚎啕大哭了起來。

安心上學知識測驗

🌱 看清楚問題，並且把貼紙貼在正確的位置。

❶ 在教室時，該怎麼做呢？

甲 和在操場時一樣跑來跑去。

乙 讀書時要保持安靜，和其他同學好好相處。

❷ 該如何使用書桌呢？

甲 踩在書桌上跳來跳去。

乙 擺放上課需要的用品，不能隨便塗鴉。

❸ 是否可以拿椅子惡作劇呢？

甲 站在椅子上惡作劇是很危險的行為。

乙 在同學準備坐下時，把椅子往後移開是很有趣的一件事。

④ 可以跨坐在窗戶上和同學玩嗎？

甲 跨坐在窗戶上和同學開玩笑與嬉鬧。

乙 看著窗外靜靜的聊天。

⑤ 該如何使用打掃教室的工具呢？

甲 裝在畚斗上的衛生紙，應該倒在垃圾桶裡。

乙 投擲抹布，將掃把當作武器來比劍。

盧慶實老師的「安心上學小叮嚀」

　　教室是大家長時間所待的地方，也是每天和同學見面一起讀書的寶貴空間。不過，偶爾會有同學在教室裡做出很誇張的惡作劇，或者是把教室當作操場一樣的跑跳玩樂。不當的使用可能會導致書桌、椅子、門或置物櫃等變成危險的凶器。就算是小失誤也可能讓原本對我們有幫助的物品變成具備危險性，千萬不能忘記！

在走廊慢慢走，上下樓梯小心走！

　　一大早就來到學校的三名女同學聚在一起七嘴八舌的聊天，幾天前的窗戶事件讓采苑、希貞和美美三個人變得更親近。

　　「現在我們是最好的朋友了，以後就稱彼此為摯友吧！」

　　「我更喜歡三劍客這個名稱！」

　　「那就稱為摯友三劍客吧？」

　　「好！」

　　三個人勾了勾小指頭，為彼此的友情立下誓約。

「我想去上廁所。」

「一起去吧！」

采苑一站起來，希貞和美美也跟著走了。

「我們是摯友三劍客，不管去哪都要一起去！」

三個人肩並著肩，一起走去了廁所。

「哦？門鎖壞掉了。」

才剛走進廁所的采苑，沒一會兒又走了出來。

「不能直接上廁所嗎？」美美問。

「我媽媽說過，一定要確認廁所的門是否能上鎖才能使用。」

采苑走到另一間廁所。

三個人離開廁所後便前往位於一樓的教務處，準備向老師報告廁所門壞掉的事。當她們下樓時，正巧有一群剛到學校的其他學生準備上樓。但成為摯友的三人下樓時卻是並排走在一起。

「你們讓開一點！」

「不要！我們喜歡這樣走！」

「樓梯很窄，排成一列下樓吧！」

「哼！我們是摯友三劍客，不能排成一列！」

無論想要上樓的其他學生怎麼勸說，三個人都不為所動。

就在這個時候⋯⋯

「既然你們是代表正義的摯友三劍客，那就不該擋住其他人的路吧？」

聽見上樓梯的六年級學長說的話後，三個人的臉突然變紅了，她們因為自己的自私而感到羞愧。

前往教務處告知廁所門故障的事後，三個人準備再次回到教室，這次她們排成一列上樓梯，因為她們是真的想要成為摯友三劍客。

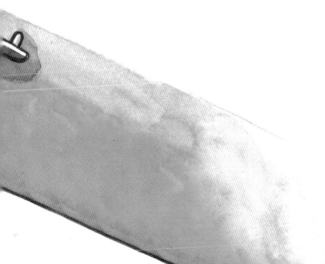

二樓的走廊呈現一片混亂，因為有人在走廊上大聲嬉鬧玩耍，讓其他人很難穿越走廊。

　　「有人在走廊上玩紙牌！唉，真是幼稚。」

　　美美翻了白眼。

　　「上次他們在玩紙牌時我不小心碰到，結果他們非常生氣，真的很可怕……」

　　希貞搖了搖頭。

　　大家把走廊當作自己家一樣，占據了整個走道。

　　「不過我們還是得走過去呀，不然根本就沒辦法進教室。」

　　采苑緊緊握住拳頭且大步大步向前走，希貞和美美則跟在後面。

　　「喂，讓開！你害我的紙牌翻不過去了啦！」

　　志權生氣的推開采苑。

　　「哇呀！哎呀！」

　　采苑往後摔倒了。

　　「采苑！」

希貞和美美立刻衝上前扶起采苑。

「采苑，你沒事吧？」

賢浩手上拿著紙牌，露出擔憂的表情。

站在旁邊的志權拉著賢浩的手臂說：「賢浩，快點啦！上課鐘就要響了。」

「嗯嗯⋯⋯」

賢浩再次看了采苑一眼後，就繼續玩紙牌。

「志權，你快點道歉！」生氣的采苑拍了拍臀部後大聲說。

「妳才該道歉，因為妳害我失去了紙牌。」志權頭也不回的說。

志權玩得很忘我，居然連流鼻涕了都沒有擦。

「什麼？失去紙牌這件事很重要嗎？」

此時采苑的雙眼已經泛著淚光，但志權一心忙著玩紙牌沒有回答。

生氣的采苑正想要繼續說的時候，正巧班導師走了過來。

「讓開！不要踩我的紙牌。」志權大聲說。

走廊上的學生們眼睛都睜大了眼睛。

因為志權一心只想著玩紙牌，完全沒發現是老師來了，而且還大聲嘶吼。

「志權，走廊不是你自己的房間！不是你能獨占的地方。」

志權只是搔了搔頭，沒有做出任何回應。

一年級的學生為了練習運動會全都聚集在操場，換上運動服的學生們嘻嘻哈哈的走出了教室。當老師宣布停止上課要去運動時，大家都非常開心。

「我們在這邊練習運動會吧！」二班最高的民修抓著樓梯的扶手大聲說。

接著不只是二班的同學而已，其他班的同學也都聚集過來。

「我要先，太棒了！我是鋼鐵人！」

民修從上方沿著樓梯扶手滑下來，後來其他同學也

爭先恐後坐上了樓梯的扶手。

「我是超人！」

「我是雷神索爾！」

大家都輪流說出電影主角的名字，再沿著樓梯扶手滑下去。

走樓梯下去的學生都紛紛皺起眉頭。

「老師看見一定會臭罵他們一頓……」

「如果不小心受傷該怎麼辦呢？」

就在這個時候……

「呃啊啊！」

大家擔心的事發生了，張開雙手沿著樓梯扶手滑下去的民修摔了下去。

「啊，怎麼辦呢？」

受到驚嚇的同學也大聲尖叫。

那天放學前，班導師告訴同學們一個難過的消息。

「民修斷了兩顆牙齒。各位同學，絕對不能在教室、走廊或樓梯上嬉鬧！下樓梯時要輪流慢慢握著扶手

走下去，知道嗎？」

　　老師再次針對學校安全進行了說明。

　　此時此刻，同學們都比平常更加專心聽老師說話，因為大家都不約而同的想起了摔斷了牙齒、嚎啕大哭的民修。

安心上學知識測驗

🌱 看清楚問題，並且把貼紙貼在正確的位置。

1 在走廊時該怎麼移動呢？

甲 隨便亂跑。

乙 應該遵守左右兩側上下通行。

2 上下樓梯時，該怎麼做呢？

甲 扶著手把慢慢走下去。

乙 迅速的衝上樓梯。

3 走廊該如何使用呢？

甲 把衛生紙撿起來扔進垃圾桶。

乙 餅乾袋子或衛生紙隨便亂扔。

4 休息時間在走廊時該怎麼做呢？

甲 站在走廊中間大聲說話。

乙 站在同一邊交談，讓其他人能
通行。

5 樓梯扶手該怎麼使用呢？

甲 把扶手當作滑梯溜下來。

乙 握著扶手下去就會很安全。

盧慶實老師的「安心上學小叮嚀」

　　走廊和階梯主要是休息時間或上學時和同學們聊天與通行的地方，在走廊與階梯時要看清楚前方，避免碰撞到其他人。就算有急事也不能隨便亂跑，更不能惡作劇，走路時應該要小心。由於走廊和樓梯是大家使用的地方，要盡可能不要造成其他人的不便。

認明安全標章，
不拿文具惡作劇！

　　賢浩和志權一起去了住家大樓前面的文具店，因為文具壞了，所以必須買新的。這是一間小朋友和大人都常來的大型文具店，兩個小朋友就像是來到大型賣場一樣，興奮的四處觀看商品。

　　「我要買剪刀，這一把怎麼樣呢？」

　　賢浩仔細端詳剪刀的外觀。

　　「一定要買便宜的！」

　　志權說話就像大人一樣。

　　「不，媽媽說要買有這個貼標誌的商品。」

賢浩用手機出示了一張照片。

「KC？這是什麼呢？」

「這下面不是有寫嗎？國家聯合認證標誌。」

「那是什麼呢？」

志權不太關心的問著。

「我也不太清楚，媽媽說貼有KC標誌*的商品比較安全。」

「唉呦，文具哪有什麼好壞之分呢？我要買最便宜的，剩下的錢我要拿去買旋轉薯塔，哈哈」

志權想到好吃的食物就開始流口水。

「不，媽媽說過文具也一定要確認安全標誌，我們就買一個旋轉薯塔一起吃吧，你覺得怎麼樣呢？」

賢浩看著志權忍不住笑了出來。

「好，那我也要買有貼安全標誌的商品。」

志權也笑著回答。

美術課時，同學們都把準備好的文具擺放在桌上。

*KC標誌為韓國安全檢驗認證。在臺灣若要購買「文具玩具」、「美術文具」等兒童用品，可參考經濟部標準檢驗局CNS認證。

「現在我們要製作家裡寵物住的房子。」

老師話一說完，同學們便開始在圖畫紙上畫圖。

賢浩畫了狗屋，采苑畫了在陽臺飼養的兔子要住的屋子。

學生們塗色、使用剪刀剪裁、塗上膠水、以及貼上玻璃紙膠帶，大家都很專心在製作寵物屋。整個教室裡都是使用文具的聲音，偶爾則會傳來吸鼻涕的聲音。

賢浩忙著使用蠟筆著色，沒有發現自己的剪刀掉在地上。志權迅速的撿起來後，就把剪刀套在手上讓它不停轉動。

「因為貼有安全標誌，所以很會轉，嘿嘿……」

「哦？那不是我的剪刀嗎？還給我！」

此時賢浩才發現志權手上的是自己的剪刀，但志權一邊用眼角瞄著老師，一邊繼續開玩笑。

「剪刀在我手上，你自己來拿呀！」

當賢浩企圖抓住剪刀時，志權就轉得更用力。

「啊！」

民修突然用雙手摀住自己的臉並大叫了一聲。

志權轉動的剪刀擊中了民修的臉，原本很安靜的教室頓時變成鬧哄哄一片。

「發生什麼事了？」

老師立刻衝到民修的身旁。

志權因為害怕而不停的顫抖。

「民修的臉是不是流血了呢？怎麼辦呢？」

賢浩臉色蒼白，一副隨時都要哭的樣子。

老師仔細檢查了一下民修的臉。

「呼！還好！幸虧是剪刀的手把擊中臉部！是誰亂扔剪刀的呢？」老師生氣的大聲問。

志權低著頭，慢慢的舉起手。

老師再次向志權說明使用剪刀惡作劇是多麼危險的一件事，看見眼前的情景，賢浩的內心也覺得很難過。

同學們把自己製作的寵物屋放置在教室後方的長桌上展示，鋪著綠色紙張如同草原一般的桌上，整齊放置了兔子屋、狗屋、小雞屋、倉鼠屋、鸚鵡屋、以及貓屋

等各種動物的可愛屋子。

「好，現在整理一下使用完的文具，把垃圾扔進垃圾桶吧！」

老師話一說完，同學們就開始忙著收拾。這次輪到美美惡作劇了。

「嘿嘿，我來幫你燙頭髮。」

美美把口紅膠塗抹在智雅的頭髮上。

「這是什麼？快住手！」

智雅哭了，並不斷的摸自己的頭髮。

老師帶著智雅去廁所，幫忙清理頭髮上的口紅膠。

「各位同學！絕對不能使用文具對其他同學惡作劇！美美，你知道了嗎？」

「是……」美美邊啜泣邊回答。

此時賢浩舉起了手。

「老師，有人把圖釘丟在這邊！」

老師撿起圖釘說：「就算是這種小圖釘，稍有不慎也有可能會變成可怕的凶器！絕對不要隨身攜帶這種圖

釘，以後使用文具時要更加小心謹慎！知道了嗎？」

「是！」

同學們不約而同大聲回答。

安心上學知識測驗

🌱 看清楚問題，並且把貼紙貼在正確的位置。

❶ 購買文具時，該先注意哪個部份呢？

甲 確認是否貼有安全標誌。

乙 一定要買最貴的。

❷ 樹脂黏土該如何使用呢？

甲 黏在同學的臉上，或是像口香糖一樣咀嚼。

乙 不要惡作劇或放入嘴巴。

❸ 尖銳的文具該如何保管呢？

甲 把物品隨便亂塞進書包。

乙 放在抽屜或置物櫃。

④ 尺該如何使用呢？

甲 使用時小心尺的尖銳處。

乙 使用尺和同學比劍。

⑤ 文具掉在教室地板也沒關係嗎？

甲 不需要撿起來也沒關係。

乙 可能會受傷或弄壞文具，因此
要快點撿起來。

盧慶實老師的「安心上學小叮嚀」

　　文具雖然是有幫助的物品，但不當的使用方法卻可能會造成自己或同學受
傷。剪刀、尺、書架、蠟筆、鉛筆、膠水等都是上課時需要的物品，但如果當作玩
具一樣隨便使用，很可能會造成意外。要仔細閱讀文具的注意事項，適當的使用在
必要的地方，才能讓文具在安全的條件下發揮它的作用。

開心的運動，
有趣的玩耍！

今天是練習下星期舉辦的運動會的最後一天。

全學年的學生都聚集在操場，負責體育的1班導師站在最前方。

「各位同學，一起做暖身運動吧！」

「我們是幼兒園學生嗎？為什麼每天都在做暖身運動呢？」民修不滿的說。

「我媽媽說暖身運動就和烤披薩一樣。」賢浩說。

「披薩？為什麼呢？」民修露出一臉疑惑的表情。

「披薩如果一開始就使用大火烤，不但無法烤熟內部，而且外部會烤焦。那就沒辦法吃了，不是嗎？暖身運動也是一樣，確實進行暖身能提升運動的效率。」

「嘿嘿，我不懂那種事，我要去練習賽跑了。這次我一定要拿到第一名。」

不顧賢浩與志權的阻止，民修偷偷往操場的另一邊移動，後來他使出全力跑了兩趟，正當他準備跑第三次的時候，突然大聲吶喊並倒了下來。

「啊，我的腳！」

驚訝的賢浩與志權立刻衝到民修身旁，班導師也一起跑了過來。

民修緊緊抓著自己的左腳，開始落淚哭泣。

「嗚嗚，我的腳抽筋了……」

老師用雙手替民修按摩腿部。

民修終於停止哭泣了。

「哈哈哈，變成外觀燒焦的披薩了！看吧！民修，不是叫你要暖身的嗎？」

民修沒辦法反駁志權說的話。

現在是練習跳繩的時間，美美把繩子拉很長後，不停的在空中轉動。

「呵呵呵，鳥飛起來了！哇！」

「哎呀！」

同學們都驚慌失措的避開了，然而美美卻把繩子轉動得更用力。

「啊！」

原本在追球的志權被跳繩的握把擊中頭部，就這樣跌坐到地上。

其他同學都嚇了一跳，紛紛圍到志權的身旁。

「志權，你沒事吧？」

志權用雙手抱著頭，露出一臉想哭的表情。

「幸虧沒有擊中臉部⋯⋯」

賢浩就像大人一樣摸了摸志權的頭。

老師吩咐美美，下次一定要多加小心。

發生這樣的事件後，其他同學在練習踢球時也都開始變得更加謹慎。不過這次又發生了意外，美美奮力一踢後，球沒有擊中門框，而是擊中了志權。

幸虧球只是擊中志權的背部，但大概是踢得非常用力，志權被擊中時失去了重心，跌倒在地。

嚇了一跳的1班老師匆匆忙忙跑過來，老師看了體育服上的名牌後生氣的說：「李美美，又是你嗎？你退場！以後你不准參加足球比賽。」

「為什麼？我做錯什麼了嗎？」

美美露出一臉冤枉的表情。

「老師全都看見了，故意攻擊同學就沒有資格一起比賽，這是運動，不是鬧著玩的。」

美美根本沒辦法反駁老師說的話。

志權摸著疼痛的背部從另一邊走過來。

「老師，請原諒美美一次吧！她不會再犯的。」

聽見志權的話後，老師突然開心的拍手。

「各位同學，這才是真正的運動家的精神！大家快幫志權鼓掌。」

老師和同學們的鼓掌讓志權害羞的搔頭。

運動會的演練結束後，雖然老師沒有特別吩咐或指派對象，但志權自動自發把擺放在操場上各個地方的球、跳繩、椅子等都放回了體育室。賢浩和民修也一起來幫忙，原本嘟著嘴站在一旁的美美也伸出了援手，采苑和希貞見狀後也盡自己的一份心力。

站在遠處看見此一情景的班導師面帶笑容自言自語說：「這次的運動會真是令人期待……」

安心上學知識測驗

🌱 看清楚問題，並且把貼紙貼在正確的位置。

❶ 該如何進行暖身運動呢？

甲 如果平時就擅長運動，可以不需要暖身運動。

乙 運動前一定要暖身。

❷ 運動時間的規則很重要嗎？

甲 不遵守規則很可能會受傷。

乙 取得勝利比規則更重要。

❸ 運動場的遊樂器材，該如何使用呢？

甲 依照順序排隊輪流使用。

乙 吊在單槓上嬉鬧玩耍。

④ 運動後如果頭暈，該怎麼辦呢？

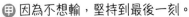

甲 因為不想輸，堅持到最後一刻。

乙 告訴老師後就去保健室。

⑤ 如果有身體虛弱的同學，該怎麼做呢？

甲 協助同學能夠好好表現。

乙 就算累也叫對方一定要繼續。

盧慶實老師的「安心上學小叮嚀」

　　進行體育活動時一味的想要誇示自己的實力或健康，很可能會造成意外。隨便使用運動器材很可能會導致受傷；若是沒有暖身就進行劇烈運動，可能會造成心臟的負荷。操場安全最重要的就是秩序與規則，只要聽從老師的指示，對一起運動的同學多一點體貼，相信體育活動時間就會更安全和愉快。

在特別的專科教室，遵守特別的規定！

「老師再說一遍，在科學教室裡該要怎麼做？」

「秉持科學家的精神！」

放學後，來參加科學班的同學們異口同聲回答了老師的問題。今天的實驗讓同學們都非常興奮，就像是準備經歷一場宇宙之旅。

「那科學家的精神是什麼？」

「安靜，不急躁！不會只用嘴巴說！」

但今天同學們從穿上白袍的那一刻開始起，就不停的嬉鬧且觸碰眼前的物品。

只有老師提醒時才會稍微安靜一下。

「老師，科學教室好像手術室一樣！」

「不對，像是製作料理的廚房！」

賢浩和志權看著整齊排放的長條狀玻璃管和燒杯說。此時有些小朋友用手觸碰，甚至有人拿起來晃動。

看見此一情景後，老師果斷的說：「好，大家專心一點！只有老師下達指示時才能碰器材。今天我們要實驗當多種粉末接觸到水時會產生何種反應。」

同學們先把混雜紅色顏料的肥皂水和醋倒入瓶子裡，當加入碳酸鈉粉末時，大家都不約而同的發出了讚嘆聲。

「是火山爆發！」

瓶子裡的粉末和水就像是噴泉一樣，沸騰並流到實驗臺上。

「這會是什麼味道呢？」

志權用手沾了一下，企圖要嚐嚐看味道。

「不行！隨便放入嘴巴，後果會很嚴重的！」

幸好老師及時發現，不然就會發生可怕的事情。

民修為了回家進行實驗，甚至還想偷偷帶粉末回家，結果被老師嚴厲教訓了一頓。

「科學教室的物品含有大量的危險成分，絕對不能隨便觸碰或是帶出去。」

下課後，同學們都記得要先去廁所把手清洗乾淨。

隔天，班上的同學們都在熱烈討論著志權和民修在科學教室發生的事情。

很快的就到了午餐時間，美美用筷子夾著一塊燉煮魚丸說：「民修，你把這個也帶回家做實驗吧！看看這是不是恐龍的化石！」

「不要說了……」

「呵呵呵，你連同學的鼻屎也會帶回家吧？」

「喂！你以為我是傻子嗎？」

看見民修怒氣沖沖的走過來後，美美急忙站起身

65

來，卻不小心跌倒了。餐盤、筷子、飯、湯、以及配菜
也不幸全都打翻了！美美的衣服也因此被配菜和湯汁弄
髒了，所幸碗裡的湯並不會燙。

「哇啊！」

受到驚嚇的美美忍不住放聲大哭了。

後來老師帶美美去保健室，因為必須確認美美是否
有受傷。不過，儘管發生了這樣的事，鎮久和賢浩依舊
在拿著湯匙嬉鬧。

兩個人在開玩笑的過程中，鎮久手上的湯匙突然飛
出去，正巧掉入坐在前方的希貞的湯裡面，湯汁就這樣
濺到希貞的臉和衣服上。

「啊！這是什麼呀？我不吃了啦！」

希貞一邊用手擦臉上的湯汁，一邊開始哭了起來。

帶美美去保健室回來的老師立刻衝過來。

「太危險了！如果湯匙擊中眼睛該怎麼辦呢？」

鎮久和賢浩兩人都被老師訓斥了一頓。

老師幫忙希貞把臉和衣服都擦乾淨，接著讓她先換到其他座位。

「呼，你們害老師沒辦法吃午餐了！在餐廳就該好好吃飯，在科學教室就該小心實驗！懂了嗎？在專科教室就要遵守別的規定！」采苑的口氣就像大人一樣。

　　賢浩和鎮久就像是做錯事挨罵、不敢抬頭的小狗一樣轉過了頭，並且同時自言自語的說：「對，在餐廳就該乖乖吃飯……」

安心上學知識測驗

🌱 看清楚問題，並且把貼紙貼在正確的位置。

1 領取營養午餐時，該怎麼做呢？

甲 排隊等待順序。

乙 拿湯匙或筷子開玩笑嬉鬧。

2 端著餐盤移動時，該怎麼做呢？

甲 為了避免沾到食物或打翻，要看著前方慢慢移動。

乙 越快越好，因此要跑快一點。

3 在科學教室裡，該注意什麼呢？

甲 看起來很新奇的物品全都要觸碰看看。

乙 只觸碰與使用老師允許的物品和器材。

④ 在美術教室時，該注意什麼呢？

甲 使用美術用品對同學惡作劇。

乙 雕刻刀等危險物品要特別小心使用。

⑤ 在音樂教室時，該怎麼做呢？

甲 小心使用樂器，不要惡作劇。

乙 隨便觸碰與敲打樂器。

盧慶實老師的「安心上學小叮嚀」

　　學校除了教室、保健室之外，還有科學教室、美術教室、音樂教室等各種不同的專科教室，在專科教室應該會有許多初次見到的物品，若是因為好奇而隨便觸碰專科教室的物品、任意打開物品、或是當作玩具嬉鬧，可能會發生嚴重的意外。在專科教室時比在其他地方更加小心，以及更專心聽老師的指示是很重要的。

答案：① 甲X② 甲X② 乙X○② 甲X○② 甲X○

國家圖書館出版品預行編目（CIP）資料

我會自己注意安全：避免在教室、操場、專科教室與使用
文具時發生危險／盧慶實作；Ukumouse繪；林建豪譯. -- 初
版. -- 臺北市：采實文化事業股份有限公司, 2021.10　面；
公分. --
（小學生安心上學系列）（童心園系列；149）
譯自：학교 생활 안전
ISBN 978-986-507-514-9（平裝）
1.安全教育 2.學校安全 3.小學生
528.38　　　　　　　　　　　　　　　110013468

童心園系列 149

我會自己注意安全：避免在教室、操場、專科教室與使用文具時發生危險

作者 盧慶實／繪者 Ukumouse／譯者 林建豪／總編輯 何玉美／責任編輯 鄒人郁／封面設計 劉昱均
內文排版 張淑玲／出版發行 采實文化事業股份有限公司／行銷企劃 陳佩宜・黃于庭・蔡雨庭・陳豫萱・黃安汝
業務發行 張世明・林踏欣・林坤蓉・王貞玉・張惠屏／國際版權 王俐雯・林冠妤／印務採購 曾玉霞
會計行政 王雅蕙・李韶婉・簡佩鈺／法律顧問 第一國際法律事務所 余淑杏律師／電子信箱 acme@acmebook.com.tw
采實官網 www.acmebook.com.tw／采實粉絲團 www.facebook.com/acmebook01
采實童書粉絲團 https://www.facebook.com/acmestory／ISBN 978-986-507-514-9／定價 320元／初版一刷 2021年10月
劃撥帳號 50148859／劃撥戶名 采實文化事業股份有限公司／地址 104臺北市中山區南京東路二段95號9樓
電話 (02)2511-9798／傳真 (02)2571-3298

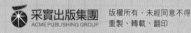

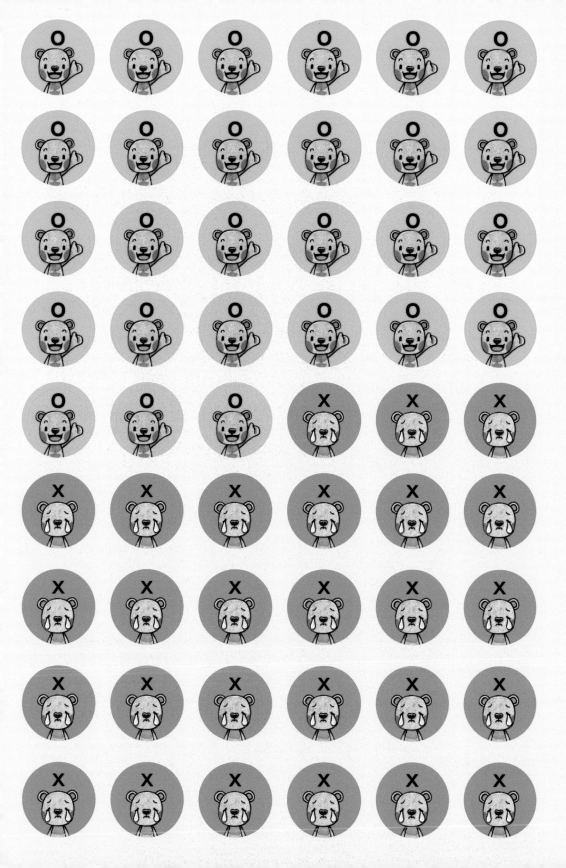